L5h
278

Ih 5.
-8.

1238

RETOUR

des

TROUPES DE CRIMÉE.

RÉCEPTION

FAITE PAR LA VILLE DE RENNES

AUX

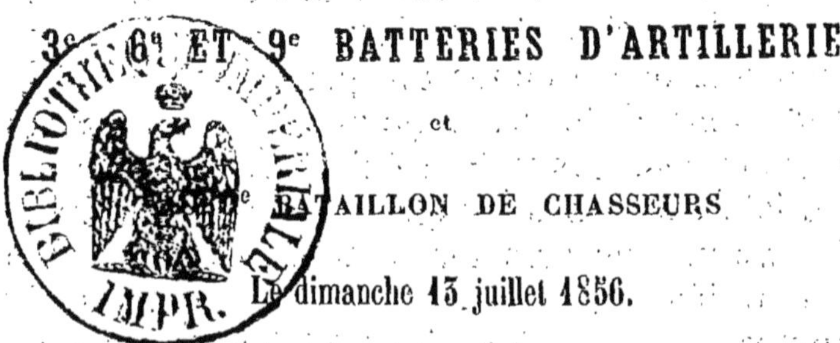

3e, 6e ET 9e BATTERIES D'ARTILLERIE

et

9e BATAILLON DE CHASSEURS

Le dimanche 13 juillet 1856.

Dimanche, 13, à onze heures et demie, M. le lieutenant-général Duchaussoy, commandant la 16e division, et M. le préfet partaient à cheval, en tête des troupes de la garnison, pour aller au-devant des trois batteries d'artillerie et du 9e bataillon de chasseurs à pied revenant de Crimée. Ils se sont portés jusqu'à la croix de Saint-Hellier, à l'embranchement des routes de Châteaubriant et de La Guerche.

Vers midi et demi, le cortége s'est mis en

Lb⁵ 278

marche, et est entré en ville en descendant le faubourg St-Hellier. Des fenêtres de diverses maisons on jetait à profusion, sur le passage des troupes, des couronnes, des fleurs et des lauriers. En face la maison Villegaudin, un élégant arc-de-triomphe, en verdure entre-mêlée de roses, avait été élevé en l'honneur de nos braves par les soins empressés des habitants de ce quartier ; quelques pas plus loin, de jeunes dames placées aux fenêtres du 1er étage d'une maison décorée de fleurs et de verdure, prodiguaient également aux vainqueurs rentrant dans nos murs des couronnes et des branches de lauriers.

A une heure moins un quart, M. le Maire, accompagné de ses adjoints et de tous les membres du Conseil Municipal, la Cour impériale en robes rouges, le tribunal civil, le tribunal de commerce, MM. les conseillers de préfecture, les chefs et employés de toutes les administrations étaient réunis au pied de l'arc-de-triomphe dressé près de l'escalier de la Motte. Vers une heure est arrivé le cortége militaire, le général et le préfet en tête.

Un groupe de blessés sans armes, couronnés de lauriers, précédait immédiatement les musiques militaires exécutant des fanfares triomphales.

A la vue de ces glorieux mutilés, une indicible émotion a fait palpiter tous les cœurs dans cette foule immense, couvrant à flots pressés les rampes et les abords de la Motte et des rues adjacentes, accourue de toute la ville et des environs pour fêter la rentrée de nos braves. Combien de tristes souvenirs, hélas! sont venus mêler leur amertume à la joie présente, en pensant à ceux qui ont succombé et qu'on n'allait pas revoir !

Derrière les blessés s'avançaient les hommes valides du 9e chasseurs, et les trois batteries du 10e d'artillerie, débris échappés sains et saufs aux hasards de la guerre; tous portant des couronnes et des branches de lauriers, tous décorés de la médaille commémorative de la campagne de Crimée, don de la reine d'Angleterre à l'armée française. Sur la poitrine de plus d'un de ces braves brillait en outre l'étoile de la Légion-d'Honneur. Les officiers tenaient en main des bouquets de fleurs offerts en hommage à leurs épées victorieuses.

Devant l'arc-de-triomphe, au fronton duquel on lisait en lettres d'or ces mots : « A L'ARMÉE D'ORIENT, » les troupes ont formé le carré; les officiers se sont avancés au centre, et le lieutenant-général a prononcé une courte allocution, pour souhaiter la bienvenue à ses nobles frères d'armes et leur exprimer le bonheur que tous éprouvaient à leur faire accueil. M. le Maire a pris ensuite la parole; il s'est exprimé en ces termes :

« Officiers, sous-officiers et soldats arrivant de Crimée, soyez les bienvenus dans notre ville de Rennes.

« Cette foule empressée vous exprime mieux que je ne saurais vous le dire avec quelle satisfaction nous vous voyons, après tant de vicissitudes, revenir au milieu de nous.

« Quand la nécessité de maintenir l'équilibre européen détermina l'Empereur à déclarer la guerre à la Russie, il lui fallait, pour vider cette querelle, des soldats invincibles. Sa Majesté vous appela sur le théâtre de cette grande lutte ; la bataille d'Isly et les fastes guerriers de l'Afrique lui avaient révélé votre valeur.

« Depuis votre départ, nous n'avons cessé de suivre avec un vif intérêt et une affectueuse sollicitude vos étapes dans cette glorieuse campagne, à Inkerman, au mamelon Vert, à Tracktir et au terrible Redan du Carénage.

« Nous ne savions ce que nous devions le plus admirer, de votre mâle constance dans les hôpitaux de la Dobrutscha et les tranchées de Sébastopol, ou de votre irrésistible élan sur les rochers de l'Alma et les créneaux du bastion Central.

« Après ces sanglantes journées, nos mains mêlaient avec douleur les cyprès aux lauriers !

« Braves soldats, à la voix de l'Empereur vous venez de prendre part à l'expédition la plus magnifique que l'histoire puisse inscrire dans ses annales et par l'importance de ses moyens et par la grandeur de son objet. Les drapeaux français et anglais, la Croix et le Croissant se sont étonnés et applaudis de marcher ensemble au combat.

Appuyée sur vos exploits, la politique de l'Empereur vient d'arracher par vos mains victorieuses aux serres de l'aigle de Russie l'Euxin et Constantinople, de briser le joug musulman qui pesait sur les chrétiens, nos frères, et de dicter la paix au monde.

« Aujourd'hui que le succès a couronné le but de vos travaux, nobles hôtes, venez dans notre cité vous reposer de vos glorieuses fatigues. La ville de Rennes est heureuse et fière d'ouvrir ses portes aux vainqueurs de la Crimée, de recevoir dans ses murs les braves qui ont porté si haut l'honneur du nom français et conquis l'admiration du monde.

> *Vive l'Empereur !*
> *Vive le 10ᵉ d'artillerie !*
> *Vive le 9ᵉ de chasseurs !*

Le commandant du 9ᵉ chasseurs a répondu en quelques mots empreints d'émotion, partis du cœur, et qui ont trouvé dans toute l'assistance un écho sympathique.

Voici le texte de son discours :

Monsieur le Maire,

Je ne sais comment vous remercier de la brillante et cordiale réception faite par la bonne ville de Rennes au 9ᵉ bataillon de chasseurs.

Les témoignages de sympathie de tous les habitants nous ont émus jusqu'au fond du cœur, et plus que jamais nous sommes heureux d'avoir fait la campagne de Crimée !

C'est une des plus belles récompenses que

l'on puisse désirer! Le 9e bataillon ne l'oubliera jamais, il en conservera pour toujours le précieux souvenir!

Alors on s'est remis en marche, les troupes se dirigeant vers la place de l'Hôtel-de-Ville : elles se sont massées sur cette place, ainsi que dans les rues d'Estrées et Impériale, et sur la place du Palais, où le général Duchaussoy les a passées en revue. Partout sur leur passage elles ont été accueillies par des acclamations répétées : « *Vive l'armée d'Orient! — Vive le 10e d'artillerie! — Vive le 9e chasseurs!* »

La foule débordait dans les rues, tous les balcons étaient garnis de spectateurs. Après avoir parcouru le front de bandière, le général et le préfet ont descendu de cheval et sont venus se placer en face de l'Hôtel-de-Ville, adossés aux arcades du théâtre : là étaient groupés, outre l'état-major de la place, la Cour impériale, les tribunaux, les différents corps d'administration, le Maire et le Conseil Municipal. Le défilé a commencé, les soldats d'Orient en tête. Alors ont redoublé les vivats et les acclamations enthousiastes.

L'Hôtel-de-Ville et la place étaient élégamment pavoisés : de chaque côté de la niche centrale, dans des cartouches entourés de lauriers on avait inscrit les noms des jeunes héros morts au champ d'honneur, que Rennes pleure et regrette, et dont elle est fière.

Voici la liste de ces noms voués à l'immor-
talité :

De Lourmel,	**De Camas,**
Avenel,	Duhamel,
Aillerie,	Davalon,
Allain,	Drouin,
Beaudoin,	Du Boisrouvray,
Bellon,	Fontaine,
Bourdais,	Félix,
Bignon,	Falaise,
Bahuant,	Fresnel,
Baudet,	Gaultier de la Guistière,
Bourgeaux (Félix),	Guinche,
Bourgeaux (Alexandre),	Geoffroy,
Baudry,	Gautier,
Charil,	Grobon,
Crespel,	Godo,
Chapeau,	Gorvel,
Chapdelaine,	Gruel,
Chevillard,	Judin,
Collin,	Jus,
Claudel,	Joly,
Chevalier,	Jean,
Christophe,	Knoblanch,
Caré,	Le Hénaff,
Commel,	Latour,
Commettant,	Lebon,
De Rattazzi,	Lemoine,
Drouadaine,	Lenoir,
De Farcy,	Louvel,
De Plouays,	Lamotte,
De Chanteloup,	Le Bouhélec,
De la Haye,	Leconte,
David,	Lebreton,

Lebon,	Pionnier,
Lechaux,	Rapatel,
Lainé,	Rault,
Lucas,	Ridard,
Limeul (Charles),	Rousseau (cantinière),
Limeul (Jean),	Roul,
Le Ker,	Robert,
Montigny,	Rouzé,
Monter,	Rafflé,
Martin (Louis),	Sézérat,
Martin (Pierre),	Turpin,
Mainguené,	Turuban,
Neveu,	Thébault,
Nourry,	Triboulet,
Piljean,	Udelez,
Poirrier,	Vert.

Au-dessus de ce nécrologe militaire, on lisait l'inscription suivante : « *Honneur aux Rennais morts pour la patrie.* »

Le premier acte de la solennité militaire était terminé. — A quatre heures, ont eu lieu les banquets offerts par les sous-officiers et soldats de la garnison à leurs camarades de l'armée d'Orient. Celui des chasseurs de Vincennes se donnait dans la cour de la caserne Saint-Georges : le portail du quartier était pavoisé et décoré de transparents.

Dans la grande salle du Manége, au Colombier, quartier de l'artillerie, 1,200 hommes se sont assis à un autre banquet : la salle était décorée avec un goût parfait, des trophées d'armes ornaient les parois. Au milieu des branches de lauriers on lisait les noms des victoires remportées par nos braves sur la terre étrangère. Sous le hangar qui s'élève au côté Sud du petit Poligone, des tables avaient été dressées pour les sous-officiers ; des lustres éclairaient le banquet, en reflétant leur éclat sur les trophées disposés avec autant d'art que d'à-propos pour décorer la salle du festin.

Vis-à-vis, vers le nord, se dressaient quelques pièces d'artifice, préparées pour la circonstance ; elles ont été tirées, le soir, avec une salve de coups de canon.

A cinq heures, M. le général Duchaussoy, accompagné de M. le Préfet et de M. le Maire, suivi de tout son état-major et du corps d'officiers, s'est rendu d'abord à la caserne Saint-Georges, puis au quartier du Colombier, où il a successivement adressé quelques paroles de félicitations aux soldats et aux sous-officiers, et porté un toast à l'Empereur et à l'armée.

A six heures et demie, le général est venu prendre place au grand banquet de l'Hôtel-de-Ville, offert par les officiers de la garnison à leurs confrères arrivant de Crimée. La cordialité, la plus franche expansion ont animé cette réunion fraternelle. M. le premier président, M. le préfet, M. le maire, M. le procureur général s'étaient rendus à l'invitation que leur avait transmise, au nom du corps des officiers, M. le général Duchaussoy.

Des discours ont été prononcés, des toasts ont été portés à l'Empereur, à l'armée, à la paix. Voici le texte des discours successivement prononcés à cette occasion, tels qu'ils nous sont communiqués :

Discours du lieutenant-général au Banquet.

A l'Empereur.

Messieurs,

Nous avons eu l'honneur, dans bien des circonstances, de porter devant vous une santé qui nous est si chère; mais jamais nous ne l'avons fait avec plus de joie et d'orgueil qu'aujourd'hui, au milieu de ces glorieux fragments de notre armée, si jeune et déjà si illustre. La France, sous un gouvernement à la fois sage et énergique, est redevenue la première entre toutes les nations. Le boulevard de la Russie dans la mer Noire, l'imprenable Sébastopol est tombée sous l'effort de nos armes, et la chute de cette grande cité est venue prouver une fois de plus au monde étonné que, pour les Français, il n'est rien d'impossible. Et cependant, Messieurs, tous les obstacles semblaient se réunir pour s'opposer à nos succès. Le choléra même, ce fléau de Dieu, a décimé notre armée avant qu'elle ait pu être rendue sur le théâtre de la guerre. Et depuis, dans les plaines de la Dobrutscha, ses ravages ont été aussi terribles que foudroyants. Vous en avez gardé le souvenir, officiers du 9ᵉ bataillon de chasseurs, et vous vous rappelez aussi avec reconnaissance la noble conduite du maréchal Canrobert, qui par son dévouement vous sauva de ces marais pestilentiels.

Vous avez inscrit, Messieurs, sur vos drapeaux des noms désormais ineffaçables : l'Alma, Inkermann, Malakoff, autant de combats, autant de victoires, victoires, hélas ! souvent chèrement achetées. Dès la première bataille, la France perd un de ses plus glorieux enfants, celui dont les conceptions hardies et les plans sagement conçus nous ont amenés triomphants, malgré toutes les oppositions, jusque sous les murs de Sébastopol. La mort du maréchal de Saint-Arnaud, cette mort vraiment héroïque, que l'énergie de sa volonté semble avoir fait reculer jusqu'après la victoire, fut une calamité publique. Le maréchal Canrobert ne faillit pas alors à la lourde tâche qui lui fut imposée. Inkermann suffirait à sa gloire, si nous ne parlions que des succès des armes ; mais maintenir pendant un hiver aussi cruel une armée dans un état aussi parfait, la léguer généreusement à son successeur, et grandir encore en abdiquant le commandement, voilà, Messieurs, des titres que personne ne contestera au maréchal Canrobert.

Le maréchal Pélissier a terminé dignement cette glorieuse campagne. Le 8 septembre restera à jamais dans nos annales militaires comme un des plus glorieux faits d'armes des temps modernes. Le combat de Malakoff fut un combat de géants ; ce ne fut plus seulement de la bravoure, ce fut de l'audace ; et je m'arrête ici, Messieurs, car bien des familles portent encore de cette grande journée un deuil que nous partageons tous.

Honneur donc, Messieurs, honneur à notre brave armée de Crimée ! Honneur à vous officiers du 10°

d'artillerie, qui avez été au-dessus de tout éloge! Honneur à vous officiers du 9ᵉ bataillon de chasseurs, qui avez porté si haut la gloire du nom français! mais honneur surtout à notre Empereur! Sa fermeté a démenti toutes les sinistres prévisions qui s'attachaient à l'expédition de Sébastopol : sa volonté a dirigé la guerre, elle a conclu la paix. L'amour des Français, l'admiration de l'Europe le récompensent aujourd'hui de tout ce qu'il a fait pour nous. La Providence elle-même le bénit dans ses affections les plus chères. Unissons nos voix, Messieurs, à ce concert d'éloges qui de toutes parts salue avec enthousiasme le nom de Napoléon III, et redisons ensemble : *Vive l'Empereur! vive l'Impératrice! vive le Prince impérial!*

Discours de M. le Préfet.

Je porte un toast à l'armée.

L'émotion de cette belle journée, la foule des citoyens se portant partout au-devant de vous, avides de vous voir et de vous saluer, vous ont fait connaître assez les sentiments de sympathie et d'admiration qui nous animent tous pour notre vaillante armée. C'est à nous, Messieurs, magistrats de l'ordre civil, à nous qui vivons au milieu de la population, unis par le cœur et par la pensée avec elle, c'est à nous qu'il appartient de porter ici bien haut avec bonheur l'expression du sentiment qui nous anime tous : oui, l'armée a doublement acquitté sa dette envers le pays! Sous la main puissante de l'Empereur, elle a largement contribué à fonder ce régime d'ordre, de sécu-

rité, de réparation, de prospérité et de concilia-
tion dont nous jouissons aujourd'hui à l'intérieur.

En face de l'ennemi, l'armée a fait la France
grande et glorieuse comme aux temps les plus
grands et les plus glorieux de son histoire. Voilà
ce que le monde admire et vous envie, voilà ce
qui entraîne le peuple et le fait tressaillir d'orgueil en vous revoyant. Car en France, n'en
doutez pas, Messieurs, malgré les calomnies d'une
époque néfaste, en France, le peuple et le soldat
sont unis par une étroite solidarité, solidarité
d'origine, solidarité d'honneur, de patriotisme,
solidarité de gloire et de tous les nobles sentiments qui ont fait de la nation française la grande
nation.

Aussi, voyez! Déjà vos glorieux faits d'armes de
Crimée appartiennent aux récits de tous nos
intérieurs de famille. C'est en les écoutant que
nos fils apprendront à vous imiter un jour, comme
vous vous êtes préparés vous-mêmes aux grandes
choses que vous avez accomplies, en entendant la
merveilleuse épopée des guerres du premier Em-
pire. C'est ainsi qu'en France les glorieuses tradi-
tions se perpétuent et se renouvellent de génération en génération. Aussi dans ce noble pays, tout
citoyen est soldat par le cœur; et tout enfant de
20 ans que nous empruntons chaque année à la
charrue ou à l'atelier se transforme en quelques
jours sous le glorieux uniforme, et six mois après
enlève au pas de course les hauteurs inaccessibles
de l'Alma, ou plante son drapeau mutilé sur les
remparts de feu de Malakoff! Voilà ce que vous
avez fait, voilà ce qui nous émeut dans ce moment

d'un patriotique enthousiasme! Voilà pourquoi nous vous accueillons avec bonheur, pourquoi nous vous accueillons en frères!

Honneur donc à l'armée! Mais d'abord, Messieurs, honneur à la mémoire de ceux qui ont payé de leur sang la gloire de la France, de ceux qu'un destin rigoureux a fait tomber loin du sol de la patrie! Dans une ville qui, comme Rennes, a donné un sanglant tribut à la guerre de Crimée, vous comprendrez tous ce douloureux hommage à d'inconsolables regrets, et vous vous y associerez dans le deuil de vos cœurs. Honneur à ces braves qni nous reviennent aujourd'hui brillants de leurs nouvelles fatigues et de leurs glorieuses cicatrices! Honneur à leurs camarades qu'un devoir rigoureux a retenus parmi nous, mais qui se sont associés par le cœur à tous les dangers, à toutes les épreuves de cette rude campagne d'Orient! Honneur à nos soldats d'Afrique, dont les pénibles devoirs ont aussi leurs jours de dangers et d'éclat! Honneur à nos alliés qui vous ont toujours donné une coopération pleine de bravoure, de dévouement, de loyauté digne d'eux et digne de nous! Honneur enfin à l'armée française entière!... *Vive l'armée !*

Discours de M. Boucly.

Dans cette assemblée militaire, permettez-moi, Messieurs, un dernier toast qui convient à mon caractère et à ma robe, et qu'accueillera votre amour désintéressé de la patrie.

A la paix! J'aime à la célébrer en présence des victorieux, lorsqu'en rentrant aux foyers domestiques, où les attend le repos, ils y ramènent la gloire.

A la paix, qui fait cesser les alarmes des mères et des épouses, et qui a aussi ses travaux, ses triomphes et ses conquêtes.

A la paix, qui remet l'épée dans le fourreau, mais qui tient la main sur la garde, prête à l'en faire sortir elle-même aussitôt que l'exigeraient l'honneur, les intérêts de la France et la légitime influence qu'il lui appartient d'exercer sur les destinées du monde!

Lundi 14, les membres du Conseil Municipal ont offert un punch aux officiers de la garnison. Le buffet était dressé sur une table ornée de fleurs et de verdure. Le premier président, le procureur-général, Messieurs les chefs des administrations civiles y assistaient en costume, et la fête était animée et pleine de cordialité.

Au milieu de la soirée, M. le Maire a prononcé les paroles suivantes :

« MESSIEURS,

« Dans cette soirée que le Conseil Municipal de Rennes est heureux de vous offrir, permettez-moi de porter en son nom un triple toast :

« *A l'Empereur! à l'Armée! à la France!*

« A l'Empereur qui a décidé, dirigé et terminé la guerre, dont la loyale politique a amené les souverains, ses rivaux, à subir sans regret l'irrésistible ascendant de son génie.

« A l'armée, qui a combattu et vaincu !

« A ces braves, qui ont gagné sur le champ de bataille la croix qui brille sur leur poitrine.

« A la mémoire immortelle de vos camarades, les de Lourmel, les Bapatel, les de Farcy, les du Boisrouvray, aux 95 enfants de la ville de Rennes, qui ont payé de leur sang le triomphe dont nous jouissons aujourd'hui.

« A la France, notre chère et glorieuse patrie, qu'à la vue des merveilles de l'Exposition de Paris de 1855 et des trophées de la Crimée, les voix unanimes des peuples proclament la reine de la civilisation et des combats !

« Vive l'Empereur ! vive l'Armée ! vive la France ! »

Ces toasts ont été vivement répétés.

En répondant à M. le Maire le général commandant la division a annoncé, au milieu d'un religieux silence, qu'un service solennel serait célébré vendredi 18, à onze heures, à la Cathédrale, pour le repos des braves qui ont succombé dans cette guerre, et particulièrement des enfants de la ville de Rennes.

(Extrait du *Journal de Rennes*.)

RENNES. — IMPRIMERIE DE CH. CATEL ET Cⁱᵉ.

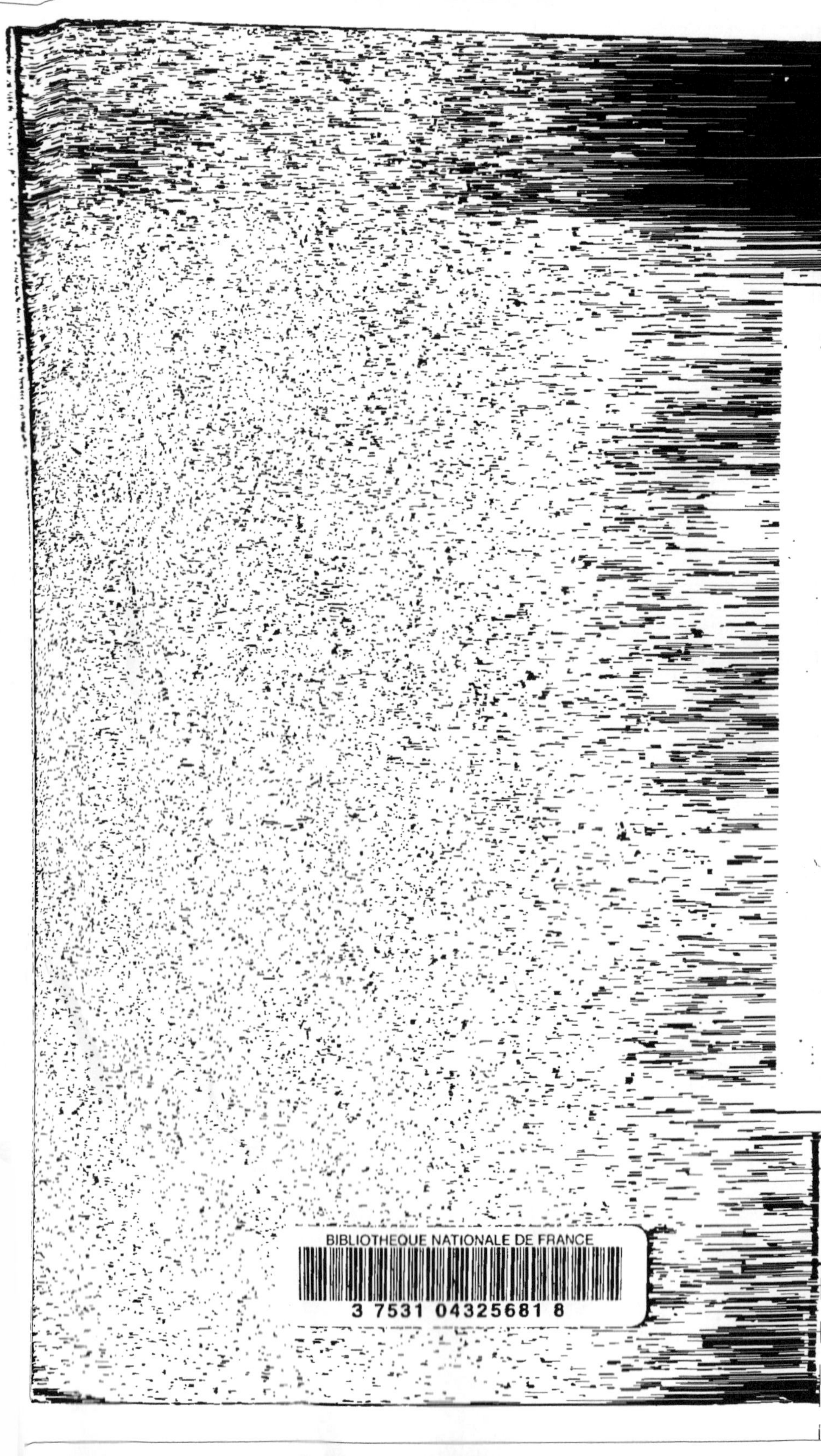
BIBLIOTHEQUE NATIONALE DE FRANCE

3 7531 04325681 8

www.ingramcontent.com/pod-product-compliance
Ingram Content Group UK Ltd.
Pitfield, Milton Keynes, MK11 3LW, UK
UKHW020009130726
13694UKWH00005B/2187